HOCHSENSIBLE KINDER

DER PRAXISNAHE ERZIEHUNGSRATGEBER

Wie Sie gefühlsstarke Kinder mit Hochsensibilität richtig verstehen, optimal fördern und liebevoll erziehen, ohne zu schimpfen

INHALT

Ebenso existieren „tendenziell introvertierte“ und „tendenziell extrovertierte“ Hochsensible!

Ich habe einen guten Freund, dessen Biografie sich wie aus einem „Bilderbuch“ zum Thema Hochsensibilität liest und der gleichzeitig den gängigen Stereotypen und Klischees widerspricht („immerzu introvertiert“, „schüchtern“). Der Anonymität halber nenne ich ihn hier Agus und er wuchs in Indonesien auf, vermutlich eines der Länder, in dem „hochsensibel sein“ die größte Herausforderung darstellt - und das schreibe ich mit einer tiefen Liebe für Land und Leute.

Doch wer schon einmal dort war, den Straßenverkehr samt dem Verkehrslärm erlebt hat, die Luft eingeatmet hat, eine Mischung aus Smog und den tausenden Gerüchen zahlreicher Essensstände, wer sich durch die Menschenmassen gekämpft hat, die sich auf den Straßen Jakartas tummeln, der weiß: Hier spielt sich das Leben als Angriff auf alle Sinne ab! Die „Diagnose hochsensibel“ ist hier weitgehend unbekannt, und Verhaltensabweichungen bei Kindern werden entweder mit Disziplin oder Religion „therapiert“. Schon früh war Agus „anders“, sensibler als andere Jungs, blieb beim Spielen gerne unter sich, oder spielte mit den Mädchen, denn dort ging es in der Regel weniger wild zu.

Vor allem in Ländern, in denen traditionell starke Rollenbilder herrschen, werden sensible Jungs besonders oft als „schwach“ wahrgenommen, und dies bekam auch Agus früh zu spüren (mehr zum Thema Hochsensibilität, Kultur und Geschlechterrollen im achten Kapitel). Mit zwölf verlor er das Interesse an Religion und stellte zunehmend „unbequeme“ Fragen im Religionsunterricht, was zu weiteren Problemen führte, und dies sowohl bei den Lehrern als auch bei seinen Klassenkameraden, die ihn sowieso schon für seltsam hielten. Von den anderen wird er zunehmend ausgegrenzt und gemobbt.

Die Probleme in der Schule verschweigt er vor seinen Eltern, denn diese haben finanzielle Sorgen und er möchte sie nicht zusätzlich belasten. Nachdem er nach einer gewalttätigen Auseinandersetzung mit zwei Klassenkameraden mit einem blauen Auge nach Hause kommt, fragt sein

Vater lediglich, ob Agus denn auch ordentlich zurückgeschlagen hätte, und gibt ihm für die nächste Auseinandersetzung eine Schreckschusswaffe mit, von der er Gebrauch machen sollte: Problem erledigt!

Das Mobbing in der Schule hielt lange Zeit an. Agus wurde dabei sowohl von Jungs als auch Mädchen gepeinigt, die sich über ihn lustig machten, warum, das kann er selbst schwer sagen. Vermutlich einfach, weil er sich als Ziel angeboten hat: eher schweigsam und mit fehlendem Interesse an Wettbewerbssport und am anderen Geschlecht - auch Letzteres kam erst viel später als bei seinen Klassenkameraden.

Seit seiner Kindheit interessiert sich Agus jedoch auch für Musik, und brachte sich selbst das Gitarre -, Schlagzeug -, und Keyboardspielen bei. Doch weiterhin belastet ihn sein Umfeld, er wird zunehmend nervöser, hat Schlafstörungen und entwickelt als Teenager eine starke Depression, die so weit geht, dass er sich das Leben nehmen will. Agus begibt sich zunehmend in halsbrecherische Situationen, etwa, indem er sich mit illegalen Motorradrennen etwas dazuverdient. Statt zu schlafen, rast er nachts durch die Straßen Jakartas - ohne Helm und selbstverständlich ohne Kenntnis der Eltern.

Mit 19 erhält er ein Stipendium für eine Musikhochschule in Singapur, für die er sich „spaßeshalber" bewirbt. Zwar wird er akzeptiert, kann sich jedoch nicht einschreiben, da dort die Lebenshaltungskosten zu hoch sind. Ohne jemals Musik studiert zu haben musiziert er mittlerweile nicht nur selbst, sondern besitzt ein kleines Tonstudio, indem er auch andere Bands aufnimmt und mixt. Heute geht es ihm deutlich besser und er tourt mit seiner Band und hatte sogar bereits einen Auftritt in Russland. Weiterhin arbeitet er im Büro, wo er, ohne eine Ausbildung im IT-Bereich zu haben, das gesamte Datennetz eingerichtet hat. Seine Freunde und seine Frau stammen alle aus demselben Umfeld; sie sind Musiker und Musikliebhaber, teilen seine Leidenschaft, besitzen ähnliche Erfahrungen aus der Jugend und oftmals auch ein ähnliches Weltbild. In Indonesien fuhr Agus täglich mit dem Motorroller zur Arbeit, und jeder, der schon einmal dort war, weiß, was das bedeutet: Smogwolken, tobender Lärm, unzählige frisierte Motorräder, vollgestopfte Straßen, und dazu noch die brennende Hitze Südostasiens auf dem Asphalt: Agus hatte häufig Kopfschmerzen, besonders im Büro und in der Mittagssonne, wo er außerdem regelmäßig Nasenbluten von der Hitze bekommt. Er erschrickt sich schnell vor lauten Geräuschen und kämpft dazu mit einem chronisch empfindlichen Magen der sich jedes Mal meldet, wenn er nervös wird. Mittlerweile kommt er aber gut zurecht, wie er sagt, und auch seine Familie akzeptiert, mit etwas Verspätung, dass er etwas „anders" ist - so sind Künstler eben!

Je mehr ich beim Schreiben des Buches über die regelrechten Alltagskämpfe erfuhr, mit denen sich hochsensible Kinder und Jugendliche (oftmals unbemerkt) konfrontieren müssen, desto mehr stieg in mir auch die Überzeugung, dass Hochsensibilität alles andere als eine Schwäche ist, sondern im Gegenteil, es sich hierbei um starke Persönlichkeiten handelt. Immer wieder musste ich auch an Agus denken, und seine ewigen Selbstzweifel: scheinbar weiß er selbst immer noch nicht, was für ein starker Typ er ist. Wie sich zeigen wird, so steht er damit nicht alleine dar, denn starke Selbstkritik, häufig in Verbindung mit Selbstzweifeln, stellt bei hochsensiblen Kindern und Jugendlichen eine besonders häufige Charaktereigenschaft dar. Der Philosoph Bertrand Russel hat es ziemlich treffend formuliert, als er davon gesprochen hat, dass eines der tragischen Dinge im Leben die Tatsache sei, dass gerade die Personen mit Intelligenz und Mitgefühl immer diejenigen sind, die am meisten an ihren Fähigkeiten zweifeln.[5]

Ich habe Agus als Beispiel gewählt, da er zwar hochsensibel ist, andererseits aber auch viele Eigenschaften aufweist, die dem Stereotyp des „introvertierten Hochsensiblen" widersprechen, denn dieser dominiert nach wie vor die Vorstellung davon. Seine halsbrecherischen nächtlichen Motorradrennen passen wenig in das Klischee eines „zurückhaltenden Teenager", und auch seine Liebe zum Touren, samt dem Auftreten

[5] Russel, zitiert aus: A Word A Day

vor zahlreichen (fremden) Menschen widerspricht - scheinbar - der Eigenschaft, hochsensibel zu sein. Zwar wird davon ausgegangen, dass rund 70% aller hochsensibler Kinder introvertiert sind[6], dies bedeutet gleichzeitig jedoch, dass ganze 30% zur Gruppe der „Extrovertierten" zählen, die zwar häufig auf der Suche nach „dem besonderen Kick" sind, und sich nach sozialen Aktivitäten sehnen, aber eben auch ein besonders sensibles Nervensystem besitzen, und schnell überreizt sind. So individuell, wie jedes Kind ist, so vielschichtig ist daher auch das Thema Hochsensibilität - und ebenso missverstanden!

Das Buch nimmt Sie mit, in die faszinierende Welt hochsensibler Kinder und Jugendlicher. Neben den biologischen Hintergründen samt neusten Forschungsergebnissen, erfahren Sie zudem, mit welchen Dingen sie zu kämpfen haben, erfahren Sie ebenfalls einiges darüber, wie man hochsensiblen Kindern und Jugendlichen unterstützend zur Seite stehen kann.

Denn hochsensible Kinder brauchen vor allem eines: Verständnis für ihre Besonderheit und den nötigen *Support*. Neben den Herausforderungen und Alltagsproblemen soll jedoch auch klar werden, dass die „Eigenschaft hochsensibel", auch eine Vielzahl an außergewöhnlichen und beeindruckenden Dinge mit sich bringt. Diese bei all der Selbstkritik zu erkennen, müssen Kinder lernen, und dies gelingt ihnen nur, wenn sie in einem für sie geeigneten sozialen Umfeld aufwachsen.

Der Fokus des Buches soll natürlich bei den Kindern und Jugendlichen liegen, allerdings liegt jedem kindlichen Verhalten immer ein entsprechender familiärer Hintergrund zugrunde. Wie sich zeigen wird, spielt dieser vor allem für hochsensible Kinder eine entscheidende Rolle in ihrer Entwicklung, sodass „das hochsensible Kind" auch niemals vom sozialen Umfeld losgelöst betrachtet werden sollte!

---

[6] Aron, E.: The highly Sensitive Person, 2010, S. 16.

hochsensibel reagieren“ und solche, die es nur in bestimmten Situationen tun, etwa bei Lärm oder in Stresssituationen.

Das Lexem Hoch darf dabei nicht als Wertung verstanden werden, sondern meint vielmehr, dass hochsensible Menschen ein besonders empfindliches Nervensystem besitzen und daher auch besonders stark auf Stimuli in ihrer Umgebung reagieren. Dabei können diese sowohl starke körperliche, aber auch mentale Reaktionen in ihnen auslösen: So haben hochsensible Kinder häufig Probleme damit, bestimmte Textilien zu tragen, da sie den Stoff als unangenehm und „kratzig“ empfinden. Sie sind häufig besonders lichtempfindlich, was sich etwa darin zeigt, dass eine zu helle Mittagssonne Kopfschmerzen auslösen, oder gar zu Meningitis führen kann.[8] In der Regel fühlen sie sich in großen Gruppen und Menschenmassen schneller überfordert (ohne automatisch zur Gruppe der Introvertierten zu gehören!), was häufig zu weiteren körperlichen Reaktionen führt - Schwitzen, Herzrasen, Nasenbluten oder gar Schwindel.

Der „sensorische Overload“ zeigt sich ferner in starken emotionalen Reaktionen wie Wutausbrüchen, Weinen, Schreien oder der Rückzug aus der Situation („Flucht“). Man kann es sich auch so vorstellen, dass sie mit einem körpereigenen Gitarrenverstärker ausgestattet sind (jene Metapher verwendete mein Freund, der in seinem Musikunterricht ein hochsensibles Kind unterrichtet). Stellen Sie sich einfach vor, verschiedene Signale durch den Verstärker laufen zu lassen. Je nach Input und Voreinstellung können diese mit dessen Hilfe besonders schön klingen; dic positivcn Klänge werden hervorgehoben, vielleicht hängen Sie noch ein paar Effektpedale dran, und schon klingt alles sphärisch und wie aus einer anderen Welt. Oder Sie vergessen den Equalizer, der Verstärkungsgrad ist auf Anschlag und Ihr Input führt zu Kopfschmerzen und es zerreißt Ihnen im schlimmsten Fall die Boxen!

---

[8]Bullock, P: Pediatric Photophobia: Light Sensitivity in Children and Kids, 2019 https://www.theraspecs.com/blog/pediatric-photophobia-light-sensitivity-in-children-kids/

Eine „tiefere" Verarbeitung des Inputs also und dies gilt für Umweltreize aller Art sowie für Dinge, die unseren fünf Sinnen gewöhnlich nicht zugänglich sind und häufig mit der „Intuition" beschrieben werden. Das bedeutet auch, dass hochsensible Kinder in der Regel alles, was um sie herum geschieht, mit hoher Aufmerksamkeit verfolgen, was auf Dauer natürlich anstrengend werden kann! Überreizungen können so stark werden, dass sie sich sogar in körperlichem Schmerz bemerkbar machen können. Man kann also sagen, dass hochsensible Kindern und Jugendliche mit verschärften Sinnen erwachsen werden, und dies samt Alltagsproblemen, Stress, Pubertät sowie Leistungs- und Gruppendruck. Doch kein Grund, sich zu verstecken, denn es gibt allen Grund dazu, stolz auf seine besondere Eigenschaft zu sein!

EMPATHIE ALS SUPERPOWER!

You were born to be among the advisors and thinkers, the spiritual and moral leaders of our society. There is every reason to be proud.
Elaine Aron

Hochsensible Kinder gelten als besonders kreativ und sind überaus bedacht auf soziale Harmonie. Ungerechtigkeiten zu ertragen - auch die, die sie gar nicht direkt betreffen, fällt ihnen überaus schwer. Ferner besitzen sie eine scharfe Beobachtungsgabe; statt sich gleich ins Getümmel zu stürzen, analysieren sie zunächst die Situation genau, wägen ab und handeln anschließend umso entschlossener und zielstrebiger. Verbunden mit in der Regel hohen intellektuellen Fähigkeiten macht sie dies daher auch im schulischen Umfeld, sofern dieses genug Sicherheit vermittelt, zu besonders guten Schülern. Und noch etwas können sie besonders gut: sie sind überdurchschnittlich gute Zuhörer! „Zuhören" ist dabei viel mehr als nur den anderen Reden zu lassen, sondern bedeutet auch, die richtigen Fragen zu stellen sowie sich in die Person „hineinzufühlen". Häufig sind sie daher auch diejenigen, denen man sich besonders schnell anvertraut. Dies macht sie zu überaus loyalen Freunden, was vor allem an ihrem überdurchschnittlich starkem Empathievermögen liegt. Doch was genau bedeutet es eigentlich, empathisch zu sein? Der Empathiebegriff ist noch relativ jung, und zusammenhängend damit auch Empathie als Gegenstand von Psychologie, Verhaltensforschung und neuerdings auch Neurowissenschaft. Statt es dabei zu belassen, Empathie als eine Charaktereigenschaft nicht weiter zu hinterfragen, wurde in den vergangenen Jahren - Sie haben es zu Beginn des Buches bereits erfahren - zunehmend an strukturellen Zusammenhängen und Ursachen für jenes starke Gefühl geforscht, das uns Menschen miteinander verbindet sowie mit der Welt um uns herum.

Erstmals 1909 von dem Psychologen Edward Bradford Thitchener verwendet, übersetzte er ihn aus dem Deutschen, wo Empathie als *Einfühlung* bekannt war. Empathie genau zu definieren fällt schwer, denn sucht man nach einer allgemeingültigen Definition, so findet man gleich mehrere Erklärungen darüber, was es eigentlich bedeutet, empathisch zu sein! Am ehesten könnte man sagen, dass es sich dabei um die Fähigkeit handelt, die Emotionen anderer nicht nur zu spüren, sondern auch Gedanken und Gefühle zu erahnen, die noch gar nicht verbalisiert wurden. Genaugenommen unterscheiden Forscher dabei zwischen einerseits der *affektiven Empathie,* jene Gefühle, die sich in uns selbst, als Reaktion auf unser Gegenüber, bemerkbar machen; etwa, wenn wir uns gestresst fühlen von der schlechten Laune unseres Partners, oder wenn unsere beste Freundin eine Sorge verschweigt, und Sie *spüren*, dass etwas „nicht stimmt". Als *kognitive Empathie* wird dagegen die Fähigkeit bezeichnet, überhaupt in der Lage zu sein, Gefühle und emotionale Zustände unseres Gegenübers zu registrieren und als solche erkennen zu können. Zwar ist es eine Charaktereigenschaft, „empathisch zu sein", allerdings spielen gesellschaftliche, soziale und kulturelle Aspekte mit ein und können das Empathievermögen begünstigen, aber auch abschwächen oder gar „verkommen lassen". Mit zunehmender Erkenntnis über das menschliche

Gehirn wissen wir mittlerweile auch, dass Empathie ferner neurobiologische Hintergründe hat. Für unser Thema spielt das eine besondere Rolle, denn das Nervensystem hochsensibler Kinder lässt sie nicht nur empfindlicher auf bestimmte Sinnesreize reagieren, sondern ermöglicht es ihnen auch, besonders einfühlend zu sein, sie besitzen also eine besondere „Biologie der Empathie". Um genau verstehen zu können, was sie von „Normal-Sensiblen" unterscheidet, müssen wir einen kleinen Ausflug in die Biologie unternehmen! So faszinierend und interessant das Thema ist, so wird dadurch auch schnell ersichtlich, warum auch alltägliche Dinge eine Herausforderung an hochsensible Kinder und Jugendliche stellen können - sie andererseits aber auch zu Empfindungen und Gedanken befähigen, die vielen von uns verschlossen bleiben.

Sensible Affen und die Biologie der Empathie: neurologische Hintergründe zum Phänomen Hypersensibilität

Hochsensibilität ist angeboren, und entwickelt sich bereits im Mutterleib. Inwieweit Außeneinflüsse dabei eine Rolle spielen - etwa die Ernährungsweise, der individuelle Stresspegel sowie weitere Lebensumstände der Mutter, ist bis heute noch weitgehend unklar. Doch bereits bei unseren Vorfahren, den Primaten, finden sich Belege dafür, dass Hochsensibilität nicht nur genetisch veranlagt ist, sondern auch schon immer existiert hat und sich daher weder auf uns Menschen beschränkt, noch unter die Kategorie „neumodisches Phänomen" fällt.

Wir teilen rund 99 % unserer DNA mit Schimpansen und folglich macht uns nur ein winziger Teil - 1 % - zum Menschen, also das, was uns von unseren haarigen Vorfahren unterscheidet! Dadurch lassen sich neben physiologischen auch die psychosozialen Gemeinsamkeiten gut erforschen, was uns dabei helfen kann, menschliches Verhalten besser verstehen zu können. Eine Studie des Psychologen Steven Suomi aus dem Jahr 2011 untersuchte dazu den Zusammenhang zwischen genetischen Faktoren, sozialem Verhalten und Depressionen bei Primaten, genaugenommen beim Rhesusaffen (Maccaca mulatta). Interessanterweise kam auch hier die Studie zu einem fast identischen Ergebnis wie Pawlow, Amon & Co.: sein Team konnte nachweisen, dass rund 20% der Primaten deutlich sensibler auf Stress reagierten, und folglich auch empfindlicher auf Gruppendynamik und Umweltreize. Jene 20% waren außerdem deutlich anfälliger für Depressionen[9] - tatsächlich können auch Affen, Hunde oder Katzen an Depressionen leiden!

Über die genauen Gründe, warum ganze 20% der Affen unter die Kategorie „hochsensibel" fallen, wird im Augenblick noch spekuliert. Evolutionsbiologen vermuten jedoch, dass jene hochsensiblen Affen eine bedeutende Rolle innerhalb der Gruppen ausüben. So wird vermutet, dass sie als eine Art „Entdecker" fungieren, welche die Affenherde früh genug vor Gefahren warnen, und sensibler auf bestimmte (potentielle) Nahrung, sowie mögliche Gefahren durch Fressfeinde oder Naturphänomene reagieren. Dies gilt übrigens nicht nur für Affen: mittlerweile weiß man, dass sich bei über 100 verschiedenen Tierarten, darunter Hunden, Rentieren und selbst bei bestimmten Fischarten, eine Minderheit an besonders sensitiven Artgenossen findet. All das beweist, dass es sich bei Hochsensibilität um *keine* Abweichung, *keinen* Fehler der Natur handelt, sondern im Gegenteil, um einen überaus smarten Trick, der in den Genen seinen Ausgangspunkt hat, und der sich überaus förderlich auf den langfristigen Gruppenbestand auswirkt. Suomi konnte ferner nachweisen, dass hypersensitive Affen, die dabei *gleichzeitig* eine förderliche Erziehung der Affenmutter erhielten, später ganz besonders wichtige Rollen in der Affenherde einnahmen[10].

Was bereits in der Einführung angesprochen wurde, wird hier nochmal besonders deutlich: das nicht nur die Gene, sondern vor allem das soziale Umfeld eine entscheidende Rolle für die persönliche Entwicklung einer hochsensiblen Person spielt!

Die Gehirne von hochsensiblen Kindern weisen dabei vier Besonderheiten auf, die sie von nicht-hochsensiblen Kindern unterscheiden. Im Moment weiß man dazu:

---

[9] Suomi, S., u.A.: Risk, Resilience and Gene-Environment Interplay in Primates, 2011, https://www.ncbi.nlm.nih.gov/pmc/articles/PMC3222572/

[10] Ebd.

UNTERSCHIEDE IM SEROTONIN-TRANSPORT UND DER SEROTONIN-AUFNAHME

Eine Gemeinsamkeit, die sie bereits mit jenen 20% der Primaten teilen! Serotonin ist auch als „Glückshormon" bekannt und wirkt im Gehirn als Neurotransmitter, der unter anderem für die Regulation des „Stresshormons" Cortisol zuständig ist: so sorgt es dafür, dass dieses möglichst schnell und effektiv vom Körper abgebaut werden kann. Übrigens benötigen wir eine gewisse Menge an Stresshormonen im Körper, um uns besonders gut konzentrieren zu können! Sammelt sich jedoch zu viel Cortisol im Körper an, kommt es zum gegenteiligen Effekt: Nervosität nimmt zu, und die Konzentration sinkt. Der körpereigene Serotoninspiegel hat starken Einfluss auf die subjektive Stimmung, also darauf, wie wir uns fühlen: gut gelaunt, depressiv, angespannt - und ferner darauf, wie wir mit stressigen Situationen umgehen! Genaugenommen liegt die niedrigere Serotoninkonzentration im Gehirn an einem Gen, welche den sogenannten *Serotonin-Transporter* verändert[11]. Wie der Name bereits verrät, so handelt es sich dabei um einen Proteinkomplex, der für den Transport des Hormones in bestimmte Hirnregionen zuständig ist. Durch die veränderte Form des Proteins ändert sich auch die Serotonin-Konzentration im Gehirn, und man ist, Sie haben es bereits erfahren, anfälliger für Stress!

IHR GEHIRN REAGIERT ANDERS AUF DOPAMIN

Dopamin ist für das „Belohnungsgefühl" verantwortlich, dass sich bei Erfolgen und ähnlichen Situationen in uns bemerkbar macht, aber auch künstlich ausgelöst werden kann: so führt auch der morgendliche Kaffee zu einem erhöhten Ausstoß an Dopaminen im Körper, was mitunter der

[11]Solo, A.: Do These Genes Make you A Highly Sensitive Person?, 2018,https://www.psychologytoday.com/us/blog/highly-sensitive-refuge/201812/do-these-genes-help-make-you-highly-sensitive-person

Grund dafür ist, warum eine Tasse Kaffee einen kurzen Glücksmoment in uns auslöst - und warum er als Suchtmittel gilt. Die Gehirne hochsensibler Kinder reagieren anders auf ihr körpereigenes Dopamin, doch ist bis heute noch nicht genau klar wie und warum. Beobachtet wurde aber, dass äußere Stimuli (die zu einem Dopaminausstoß und dem dazugehörigen Gefühl führen) für hochsensible Kinder einen geringeren Anreiz darstellen. Darunter fallen etwa Wettbewerbe samt zugrundeliegender Mentalität - wie Sie wissen, ein Charakteristikum unserer Gesellschaft, die daher auch als „Wettbewerbsgesellschaft" bezeichnet wird. Im Verhalten der Kinder zeigt sich das darin, dass sie sich in neuen, unbekannten Situationen öfter zögerlich zeigen, und sich nicht gleich ins Getümmel stürzen. Denn das genaue Beobachten nimmt natürlich mehr Zeit in Anspruch, schließlich wird das Input tiefer verarbeitet und die Situationen entsprechend genau „analysiert". Der Drang, sich gleich mit bestimmten Dingen oder Handlungen zu „belohnen" , jenes Gefühl hinter Dopamin, ist bei ihnen also weniger stark ausgeprägt. Hochsensible Kinder sind keinesfalls apathisch oder desinteressiert, nur weil sie nicht sofort besonders euphorisch auf bestimmte Situationen reagieren.

IHRE SPIEGELNEURONEN SIND AKTIVER!

Hier kommt wieder die Empathie ins Spiel, denn diese hat, wie Sie bereits wissen, ebenfalls einen neurologischen Hintergrund! Durch unser Empathievermögen besitzen wir Verständnis und Mitgefühl für unsere Mitmenschen - oder eben nicht, je nachdem wie empathisch wir sind. In der Verhaltenspsychologie lässt sich das individuelle Empathievermögen auf einer Skala darstellen, die bestimmte Personengruppen unterschiedlich stark zuordnet: So rangieren Persönlichkeitsstörungen wie Soziopathie und Narzissmus im niedrigen Drittel, da die betroffenen Personen nicht in der Lage sind, Empathie für ihre Umwelt zu entwickeln, (und sich entsprechend verhalten).

Im Vergleich zu Hochsensiblen lässt sich sagen, dass Narzissmus und Soziopathie schwere Persönlichkeitsstörungen darstellen, die sich ebenfalls bereits im Kindesalter entwickeln, und das krasse Gegenteil unserer Hochsensiblen verkörpern: ein überzogenes Selbstbild, die Unfähigkeit zu Mitgefühl. Ironischerweise schneiden Personengruppen mit narzisstischen Charakterzügen beruflich häufig besser ab, und finden sich ferner zu einem deutlich höheren Prozentsatz im westlichen und nahöstlichen Kulturkreis (in beiden Fällen bilden sie rund 16 %), wohingegen sie nur 9% im asiatischen Raum bilden[12].

Im Mittelfeld der „Empathieskala" rangieren Personen, die ein gesundes Maß an Empathie besitzen: sie stellen die Mehrheit der Bevölkerung dar, etwa 60%. Im oberen Drittel befinden sich unsere Hochsensiblen, dicht hinter den sogenannten Empathen liegend. Diese dürfen ebenfalls nicht mit Hochsensiblen verwechselt werden, obgleich hier gilt, dass Empathen häufig auch hochsensibel sind! Untersucht man ihre Gehirnaktivitäten, so konnte in beiden Gruppen eine erhöhte Aktivität der Spiegelneuronen festgestellt werden![13]

Jene werden unter anderem dafür benötigt, die eigenen, vergangenen Erfahrungen mit Situationen aus der Umwelt abzugleichen - sie *spiegeln* diese also im wörtlichen Sinne. Es ist nicht der Fall, dass hochsensible Kinder mehr Spiegelneuronen besitzen, sondern diese sind schlicht *aktiver*.

In einer Studie aus dem Jahr 2014 konnte nachgewiesen werden, dass bestimmte Teile im Gehirn Hochsensibler, die für soziale und emotionale Gefühle zuständig sind, sogar konstant eine höhere Aktivität aufwiesen, verglichen zu „normalen" Personen[14].

---

[12] https://www.theladders.com/career-advice/study-reveals-the-actual-reason-narcissists-suceed

[13] Solo, A.: The Difference Between The Highly Sensitive Brain And The „Typical" Brain, 2018, https://highlysensitiverefuge.com/highly-sensitive-person-brain/

[14] Aron, E., u.A.: The highly sensitive Brain, 2014, https://www.ncbi.nlm.nih.gov/pmc/articles/PMC4086365/

DAS GEHIRN IST STÄRKER AUF DIE SOZIALE UMWELT „GETUNED"

Betrachtet man das Gehirn hochsensibler Personen nochmals genau durch einen Gehirnscanner, so lässt sich ferner eine verstärkte Aktivität in der sogenannten *vmPFC-Region* feststellen, sowie in zwei weiteren Regionen: der cingulate area und insula[15]. Umgangssprachlich befindet sich hier der Sitz des Bewusstseins. Die Frage danach, was genau das Bewusstsein ist, hat die Menschheit seit jeher beschäftigt, und entsprechend kompliziert ist eine genaue Definition davon. Trotz allem weiß jeder auf Anhieb, was darunter - mehr oder weniger - verstanden wird: die Summe von allem, was man erlebt, empfindet und wahrnimmt. Unter dem Gehirnscanner zeigte sich diese Region deutlich aktiver bei hochsensiblen Personen, und noch einmal mehr, wenn ihnen während der Sitzung Bilder von anderen Menschen gezeigt wurde.

Für die Praxis bedeutet das, dass sich hochsensible Kinder in der Regel intensiver mit ihrer sozialen Umwelt beschäftigen als „normal-sensible" Kinder. Zusammen mit dem starken Empathievermögen reagieren sie empfindlicher auf ein aggressives Klima im Klassenzimmer, oder erfreuen sich besonders stark an einem friedlichen Miteinander. Bestimmte soziale Dynamiken zu ignorieren, gemäß der Devise „Da muss man drüberstehen!" fällt ihnen besonders schwer. Auch mit dem Abgrenzen zu Situationen, die um sie herum geschehen und in die sie selbst nicht aktiv involviert sind, fällt ihnen deutlich schwerer. Aus diesem Grund belastet sie es etwa, wenn sie das Mobbing eines Klassenkameraden mitbekommen, oder in sonst einer Weise mit Ungerechtigkeit konfrontiert werden. Im wörtlichen Sinne leiden sie dabei selbst, was so weit gehen kann, dass sie dabei auch körperlichen Schmerz empfinden. Kurz: sie reagieren extrem stark auf ihre soziale Umwelt - auf die positiven, wie die negativen Dinge.

---

[15] Ebd.

EMOTIONEN WERDEN INTENSIVER EMPFUNDEN UND VERARBEITET

Neben Hormonen und Spiegelneuronen kommt noch eine weitere Besonderheit hinzu: In der Hirnregion, die für die Verarbeitung von Emotionen und Sinnesreizen zuständig ist (der sogenannte Ventrometriale Präfrontal Cortex, kurz PFC) konnte ebenfalls eine erhöhte Aktivität festgestellt werden, die mit einem weiteren Gen in Zusammenhang steht, welches dafür sorgt, dass verschiedene Empfindungen „stärker“ empfunden werden. Ein weiterer körpereigener Verstärker also![16] Es gibt aber noch ein weiteres überaus interessantes Gen, auf das hier näher eingegangen werden soll und das man auch als „Orchideen-Gen“ bezeichnen kann:

DAS „ORCHIDEEN-GEN“: SOZIALE UMWELT UND DIE ZWEI EXTREME

Der Metapher des *Orchideenkinds* liegt die Idee zugrunde, dass in der Entwicklung hochsensibler Kinder zwei Ausgänge möglich sind, man könnte auch sagen zwei Extreme: Sie können einen besonders „positiven“, aber auch einen besonders „negativen“ Werdegang einschlagen. Wenn in dem Zusammenhang von „negativ“ gesprochen wird, so meint dies keine Wertung der Person, sondern vielmehr seiner Lebensumstände: Vernachlässigung, häusliche Gewalt oder schlichtweg das Ignorieren seiner oder ihrer besonderen Bedürfnisse. Dies kann so weit gehen, dass sich aus der zunächst „neutralen“ Hochsensibilität schwere Persönlichkeitsstörungen sowie die Tendenz zu Substanzmissbrauch entwickeln können, *sofern* die Kinder in jenem negativen Umfeld aufwachsen und dabei gleichzeitig jenes Gen aktiviert wird. Von

[16] Vgl.: Todd, R., u.A.: Neurogenetive variations in Norephinephrine Availibility Enhance Perceptual Vividness, 2015, https://www.jneurosci.org/content/jneuro/35/16/6506.full.pdf

Orchideenkindern zu sprechen ist daher auch mehr als bloße Metaphorik, sondern jenes Phänomen ordnet man der sogenannten *Epigenetik* zu. Als noch junge Unterkategorie der Biologie versucht diese zu verstehen, wie sich soziale Faktoren aus der Umwelt des Menschen, deren Lebensumstände (darunter auch Ernährungsgewohnheiten oder Stress) direkt auf dessen DNA auswirkt, bestimmte Genregionen aktiviert und diese wiederum das Verhalten beeinflussen. Getreu dem Motto „Der Mensch ist mehr als die Summe seiner Teile“ also, so wird die körperliche Entwicklung nicht isoliert vom sozialen Umfeld betrachtet, sondern dieses rückt mit in den Fokus der Biologie. All das macht Epigenetik zu einem aufregenden und überaus faszinierenden Feld, da hier die Biologie um soziale Aspekte erweitert wird!

Die Psychologin Danielle Dicks der *Universität of Virginia* untersuchte dazu, ob jene verstärkte Abhängigkeit von den äußeren Umständen, die bei hochsensiblen Kindern zu beobachten sind, jene starke Polarisierung in „Positiv und Negativ“ also, auf ein bestimmtes Gen zurückzuführen ist. 2005 veröffentlichte sie eine Studie über den Zusammenhang jenes CHRM2-Gens zur psychologischen und sozialen Entwicklung der Kinder (u.a. Elternhaus und Erziehung, Schule) in Abhängigkeit zu deren sozialen Lebensumständen. Sie analysierten dazu die DNA Proben von insgesamt 400 Kindern und Jugendlichen im Alter von fünf bis 17 Jahren, die allesamt das CHRM2 Gen aufwiesen. Das Ergebnis war eindeutig: die Ausprägung des Gens lässt die Kinder besonders sensibel auf ihr soziales Umfeld reagieren.

Diejenigen Kinder, die mit Gen *und* liebevollem Umfeld aufwuchsen, hatten eine überdurchschnittlich gute Entwicklung samt überdurchschnittlich guten schulischen Leistungen. Diejenigen Kinder, die das Gen aufwiesen *und* gleichzeitig in einem „negativen Umfeld“ aufwuchsen erzielten die mit Abstand negativsten Ergebnisse - auch hier in einer deutlich extremen Ausprägung als Altersgenossen *ohne* die Aktivierung des CHRM2 Gens! Eine überdurchschnittlich hohe Zahl litt an Depressionen oder hatte bereits einen kriminellen Hintergrund[17]. Das Gen codiert also nicht direkt für eine bestimmte Eigenschaft, sondern lässt seine Träger besonders empfindlich auf die äußeren Lebensumstände reagieren. Auch hier wird deutlich: Man kann das Phänomen Hochsensibilität nicht vom sozialen Umfeld trennen, sondern nur verstehen, wenn das Kind samt seiner Entwicklung im Kontext seiner Umgebung betrachtet wird.

HÄUFIGE KÖRPERLICHE REAKTIONEN BEI HOCHSENSIBLEN KINDERN UND JUGENDLICHEN

Nun haben Sie so einiges über die biologischen Hintergründe zum Phänomens „Hochsensibilität" erfahren. Für die Konsequenzen im Alltag eines hochsensiblen Kindes bedeutet all dies vor allem eines: Wer in seiner frühen Kindheit starken Stresssituationen ausgesetzt war, bei dem nimmt die Stressresistenz im Laufe der weiteren Entwicklung weiter ab, und negative Erfahrungen weiter zu (eine tragische Abwärtsspirale!). Umgekehrt gilt: Wer eine weitgehend „stressfreie" Kindheit hatte, im Klartext, ein förderliches Umfeld, ein möglichst stressfreies Elternhaus ohne körperliche und psychische Gewalt, entwickelt Wege und Strategien, mit seiner Hochsensibilität umzugehen. Eltern hochsensibler Kinder sollten sich die neurologischen Besonderheiten ihrer Kinder immer bewusst sein, doch trotz unserem „genetischen Blueprint" sind wir mehr als die Summe unserer Teile und eine liebevolle Erziehung spielt die größte Rolle in der Entwicklung hochsensibler Kinder (diese beinhaltet auch das konsequente Setzen von Grenzen, wo es notwendig ist - denn dies vermittelt Sicherheit!).

Bleiben wir noch einen Augenblick beim Körper, denn hier finden sich meist die ersten Anzeichen dafür, dass es sich um eine mögliche

[17]Vgl. Bower, B.: Genetic Roots of „Orchid Children", 2011, http://www.philosonic.com/michaelpluess_construction/Files/Science%20News%20Article_April%202011_Genetic%20Roots%20Of%20'orchid'%20Children.pdf

Hochsensibilität handelt, die bereits im Babyalter erkannt werden kann.

Es ist faszinierend, wie Körper und Geist zusammenhängen, und wie Emotionen direkt in ihm gespiegelt werden. Eine Trennung in „körperliche" und „psychische" Effekte, etwa wie im oberen Beispiel der tieferen emotionalen Verarbeitung des Inputs, oder der sensorischen Überreizung, ist daher im Grunde etwas ungenau. Vielmehr hängt all dies direkt miteinander zusammen: so lösen tiefere emotionale Empfindungen körperliche Reaktionen aus, andererseits kann eine sinnliche (körperliche) Überreizung zu tiefen emotionalen Empfindungen führen - die sich wiederum in starken emotionalen Gefühlsausbrüchen, aber auch Hautausschlägen oder körperlichem Schmerz zeigen. Es sollte daher nie vergessen werden, dass das Thema immer in einer ganzheitlichen Perspektive betrachtet werden sollte, und hier nur der Übersicht halber aufgeteilt wird!

Kopfschmerzen

Kopfschmerzen und Migräne sind häufige Reaktionen auf Überreizung, und dies bereits ab der frühen Kindheit. Es gibt dabei nicht „den" Kopfschmerz, sondern viele unterschiedliche Varianten, die von ebenso vielen unterschiedlichen Außenfaktoren *getriggert* werden können: wenig Schlaf, Stress und Anspannung, Migräneattacken bei zu intensiven Gerüchen, oder bei zu kalten oder heißen Temperaturen: Direkte Sonneneinstrahlung ist einer der häufigsten Gründe für Migräne bei hochsensiblen Kindern. Im Sommer sollte daher immer eine Sonnenbrille und ein Hut getragen werden, und wenn möglich intensive Sonneneinstrahlung (zwölf bis 15 Uhr) vermieden werden.

Anmerkung: Einige Inhaltsstoffe in Sonnencremes mit chemischen UV-Filtern stehen ebenfalls im Verdacht, Migräne auszulösen[18]: Mittlerweile existieren aber zahlreiche Sonnencremes mit physikalischen UV-

---

[18] Hackley, S.: 4 Summertime Triggers and their Migrain-Friendly Alternatives, 2014, https://migraine.com/blog/4-summertime-triggers-migraine-friendly-alternatives/

hat einen guten Grund: im Magen befinden sich rund 500 Billionen Neuronen, die durch unser Zentralnervensystem in direktem Kontakt zum Gehirn stehen! Die Kommunikation zwischen Gehirn und Bauch bezeichnet man daher auch als Bauch-Hirn-Schranke, und schon im alten China galt der Magen als „Zentrum des Körpers"! Dominierte im westlichen Kulturkreis lange Zeit die Trennung in „Körper" und „Geist", so findet mit etwas Verspätung auch hier die Erkenntnis, dass beide Organe in direkter Verbindung stehen, zunehmend Anerkennung: mittlerweile weiß man, dass nicht nur eine gestörte Magen- und Darmflora Signale an das Gehirn sendet, sondern umgekehrt auch das Gehirn Signale an den Magen sendet. Viele hochsensible Kindern haben daher auch besonders häufig Probleme im Magen-Darmbereich; Magenkrämpfe bei Nervosität, das sogenannte IBS Syndrom (Inflammatory Bowel Syndrome), Durchfall sowie weitere Verdauungsstörungen. Dies wird auf das sensible Zentralnervensystem der Betroffenen zurückgeführt, wobei psychische Faktoren jene Symptome nochmals verstärken. Es konnte sogar nachgewiesen werden, dass psychosoziale Faktoren zur Veränderung der Darmflora führen![20]

Da hochsensible Kinder häufiger und intensiver Stress ausgesetzt sind, haben sie auch überdurchschnittlich häufig Probleme mit dem Magen und der Verdauung! Leider ist es überaus schwierig, jene Symptome in den Griff zu bekommen, ohne die Ursachen - die Nervosität - zu beheben. Im 14. Kapitel finden Sie jedoch einige Übungen, mithilfe derer sich die Nervosität des Kindes abschwächen lässt, was auch dem nervösen Magen zugutekommt!

Muskuläre Probleme

Obgleich es sich beim PSOAS um eine der wichtigsten Muskelgruppen im

---

[20] Harvard Health Publishing: The Gut-Brain-Connection, https://www.health.harvard.edu/diseases-and-conditions/the-gut-brain-connection#:~:text=A%20troubled%20intestine%20can%20send,GI)%20system%20are%20intimately%20connected.

menschlichen Körper handelt, ist der Begriff nur wenigen bekannt. Höchste Zeit, ihm die nötige Aufmerksamkeit zu schenken, denn Probleme mit dem PSOAS treten bei hochsensiblen Personen, und dabei bereits im Kindesalter, besonders häufig auf. Warum gerade der PSOAS? Die Antwort ist einleuchtend: er verbindet nicht nur sämtliche Muskeln miteinander und ermöglicht es uns damit etwa, gerade zu stehen, oder unser Knie anzuheben. Physiologisch und evolutionsbiologisch betrachtet besitzt unser Körper Muskeln, die es uns ermöglichen, in Gefahrsituationen angemessen zu reagieren, und zwar in Form von Flucht, Kampf oder man begibt sich in „Fetalposition“ - für all dies und noch mehr ist der PSOAS verantwortlich! Um dies zu können bedarf es besonders sensibler Nervenzellen, die bereits auf kleine Veränderungen in unserem Körper, aber auch auf Veränderungen, die aus der Umwelt stammen, reagieren. Dies können Temperaturunterschiede, Situationen, die dem Körper Gefahr vermitteln, sowie Veränderungen im Körpergewicht sein.

Besitzt man zusätzlich ein hochsensibles Nervensystem, so ist auch der PSOAS in „Daueralarmbereitschaft“. Und das führt dazu, dass sich der Muskel auf Dauer verkürzt und somit auch in seiner Funktion eingeschränkt wird.

Daher leiden hochsensible Kindern und Jugendliche häufiger unter Rücken- und Gelenkschmerzen als ihre Altersgenossen. Beschwert sich das Kind auffällig oft über Schmerzen im Rückenbereich, sollte das entsprechend ernst genommen werden. Bereits mit regelmäßigen sportlichen Übungen oder Physiotherapie lässt sich hier Abhilfe schaffen, denn wie bei allen körperlichen Problemen gilt: Je früher diese erkannt werden, desto besser lassen sie sich auch in den Griff bekommen!

abends „abzuschalten", so lassen hochsensible Kinder den Tag Revue passieren, analysieren ihr eigenes Verhalten, verlieren sich in vermeidlich „peinlichen" Dingen die sie getan oder gesagt haben, kurz: Sie machen sich zu viele Gedanken, und dabei ist das Gehirn aktiver als der Körper müde ist. Auch hier sei noch einmal auf das Darm-Hirn Thema hingewiesen: denn der Darm reguliert unter anderem die Produktion des Schlafhormons Melatonin, welches zuständig für den Tag-Nacht-Rhythmus ist, und somit auch für das subjektive Gefühl, dass sich als Müdigkeit bemerkbar macht. Leiden hochsensible Kinder also bereits an verschiedenen Lebensmittelunverträglichkeiten oder Magenproblemen, so kann darin mitunter *auch* der Grund für ihre abendlichen Einschlafprobleme liegen! Auch hier ist daher wieder ihr ganzheitliches Denken gefragt, um mögliche Zusammenhänge erkennen zu können!

Tipp: Eine Studie stellte fest, dass das abendliche Lesen nicht nur die Herzfrequenz senken konnte, sondern auch muskuläre Verspannungen um ganze 68% senken kann! Durch das abendliche Lesen (in Form des guten alten Buches) vergessen wir unseren Alltagsstress und tauchen in eine andere Welt ein. Damit liegt Lesen weit vor anderen „Entspannungsmechanismen" , etwa dem abendlichen Musikhören (61%) oder dem Spaziergang (42%)[23]. Sorgen Sie daher für ein abendliches „Leseritual", dies hilft dem Kind beim Entspannen und verzögert damit auch die Einschlafphase.

[23] Curtis, G.: What does reading before bed do to an adults brain?, 2018, https://www.dreams.co.uk/sleep-matters-club/what-does-reading-before-bed-do-to-an-adults-brain/

Fehldiagnosen: Abgrenzung zu ADHS & Co.

Genaue Zahlen darüber, wie viele Fehldiagnosen jährlich an hochsensible Kinder gestellt werden, konnte ich in meiner Recherche zum Thema nicht finden. Allerdings berichten viele Eltern darüber, oftmals jahrelang in der Annahme gelebt zu haben, dass dem Verhalten ihres hochsensiblen Kindes ein Krankheitsbild oder eine Persönlichkeitsstörung zugrunde liegt[24]. Vor allem das Aufmerksamkeitsdefizitsyndrom (kurz ADHS), Selektiver Mutismus und die bereits erwähnte SPD werden häufig fehlattestiert. Bei Letzterem handelt es sich, Sie erahnen es bereits im Namen, in der Tat um eine Störung des Gehirns, das etwa Probleme dabei hat, bestimmte Signale, die von den Sinnen ausgehen, zu erkennen oder zu verarbeiten. Typische Symptome sind dabei deutlich stärkere körperliche Reaktionen auf Stimuli oder gar eine verminderte Motorik der Betroffenen. Zum Beispiel bemerken Kinder mit SPD nicht, wenn sie sich in eine Pfütze setzen und spielen anschließend in nasser Kleidung - eine Situation, die ein hochsensibles Kind dagegen sehr wohl bemerkt und dies auch zum Ausdruck bringt, denn nasse oder sandige Kleidung empfinden diese als überaus unangenehm!

Die Missverständnisse beginnen bereits im typischen Schubladendenken des Alltags: Hochsensible Kinder fühlen sich in unbekannten Situationen schnell überfordert und „bedroht". Dies zeigt sich zum Beispiel darin, dass sie sich in einer neuen Umgebung, etwa nach einem Schulwechsel, eher im Hintergrund aufhalten und schweigsamer sind als ihre Klassenkameraden. Zwar liegt das daran, dass sie zunächst einmal alles genau beobachten und die „Situation abwägen" wollen, dies wird

[24] Vgl.: Drake, D.: My Child`s Doctor got it Wrong, https://www.additudemag.com/misdiagnosis-of-adhd-our-doctor-got-it-wrong/

häufig jedoch als Schüchternheit fehlinterpretiert, was jedoch *keine feste Charaktereigenschaft* von Hochsensibilität darstellt! Es trifft jedoch zu, dass Schüchternheit als eine *häufige* Charaktereigenschaft hochsensibler Kinder auftritt. Doch zählt nicht jedes hochsensible Kind automatisch zur Gruppe der Introvertierten (mehr dazu im fünften Kapitel!), ein weiteres Klischee also.

Weitaus problematischer sind jedoch Missverständnisse in Form von jenen klinischen Fehldiagnosen, doch gerade die werden nach wie vor gerne ausgestellt, wie die (ebenfalls hochsensible) Psychologin Julie Bjelland schreibt[25]. Darunter zählen bei Jugendlichen vor allem: Depressionen, Bipolarität und, besonders oft bei hochsensiblen Mädchen fehldiagnostiziert: das Borderline-Syndrom. In den beiden letzteren Fällen handelt es sich um schwere Persönlichkeitsstörungen, bei Depressionen um eine Krankheit, und in allen drei Fällen ist eine Psychotherapie unbedingt ratsam. Doch auch hier gilt, dass es sich um völlig andere Kategorien handelt, in der Hochsensibilität *per se* nichts zu suchen hat, sich in einigen Fällen jedoch mit ihnen überschneiden *kann*.

Als Begründung der Fehldiagnose ADHS wird häufig die Gemeinsamkeit „mangelnder Konzentrationsfähigkeit" verwiesen. Auch hier wird also deutlich, dass selbst in Fachkreisen von vereinzelten Eigenschaften des Kindes auf eine komplett andere Kategorie geschlossen wird, ohne dabei den Kontext; die Umstände in denen sich die mangelnde Konzentrationsfähigkeit zeigt, genauer zu betrachten. Denn bei Hochsensiblen besitzt diese völlig andere Ursachen als bei ADHS: Handelt es sich bei ADHS um „Funktionsstörungen neuronaler Regelkreise"[26], sowie weiterer Abweichungen in bestimmten Hirnarealen,

---

[25] Bjelland, J.: Hazards of Misdiagnosis for the highly sensitive Person, ohne Datum, https://www.juliebjelland.com/hsp-blog/hazards-of-misdiagnosis-for-the-highly-sensitive-person#:~:text=Some%20common%20misdiagnosis%20can%20be,not%20actually%20have%20the%20disorder.

[26] Neurologen und Psychiater im Netz: Ursachen von ADHS, https://www.neurologen-und-psychiater-im-netz.org/kinder-jugend-psychiatrie/erkrankungen/aufmerksamkeitsdefizit-hyperaktivitaets-stoerung-adhs/ursachen/

werden die Konzentrationsprobleme bei Hochsensiblen vielmehr von sozialen Faktoren ausgelöst. So haben hochsensible Kinder etwa starke Probleme damit, vor einem Publikum zu sprechen, vor allem, wenn es sich dabei um fremde Personen handelt. Jene sozialen Stresssituationen führen zu einem stark erhöhten Stresspegel, der sich mit dem Gefühl des „Blackouts" vergleichen lässt: im wörtlichen Sinne wird also das Gehirn der Betroffenen regelrecht vernebelt - eine Situation, die Sie vielleicht selbst schon einmal erlebt haben. Fühlt sich ein hochsensibles Kind jedoch wohl, etwa in einer entspannten Lernatmosphäre, so erbringen sie häufig überdurchschnittlich gute Leistungen.

Zwar kann es auch im Falle ADHS zu einer Überlappung mit Hochsensibilität kommen, allerdings muss beim Diagnostizieren unbedingt auf Nummer Sicher gegangen werden! Selbst angestellte Diagnosen (Google, etc.) sollten vermieden werden und wenn möglich ein Therapeut herangezogen werden, der bereits mit dem Thema „Hochsensibilität" vertraut ist, und somit auch mit den Unterschieden zwischen den beiden Phänomenen. Nur dadurch können Fehldiagnosen vermieden werden, die wiederum weitere Fehlbehandlungen nach sich ziehen und die ungeahnte Folgen für das Kind haben können.

Ich erinnere mich an eine regelrechte Welle an ADHS Diagnosen in den 90ern und 2000ern, wobei alles, was unter das Prädikat „verhaltensauffällig" fiel, allzu schnell in die Schublade „ADHS" gesteckt wurde. Leider bildet auch Hochsensibilität dabei keine Ausnahme. Insgesamt stiegen die ADHS Diagnosen in wenigen Jahren um über 40% an[27]. 1987 im DSM-III-R (*Diagnostical and Statistical Manual of Mental Disorders*) „offiziell" als Krankheit klassifiziert, wird ADHS bis heute unter anderem medikamentös therapiert. Bereits Schulkinder erhalten dazu Psychopharmaka wie Ritalin, das zur Klasse der sogenannten Methylphenidate zählt, oder Adderal, ein Amphetamin. Hochsensible Kinder, die fälschlicherweise mit ADHS (oder weiteren sogenannten

[27] Drake, D.

Kein Widerspruch! Hochsensibel und Extroversion

Ja, es gibt sie: hochsensible Kinder, die gleichzeitig extrovertiert sind! Weltweit macht jene Unterkategorie immerhin rund 450 Millionen Menschen aus, was etwa der Bevölkerung Russlands plus der USA entspricht!

Die Begriffe *Introversion* und *Extroversion* wurden von dem Psychoanalytiker Carl Gustav Jung geprägt, der uns bereits in der Einführung begegnet ist. Hier soll noch einmal genauer beschrieben werden, worum es sich dabei handelt: Die Begriffe bezeichnen zum einen den starken Fokus auf das eigene Innenleben (Introversion), zum anderen den Fokus auf äußere Umweltreize (Extroversion). Beide Begriffe werden häufig als konträr verstanden, und man neigt dazu, von bestimmten Verhaltensweisen in bestimmten Situationen auf die gesamte Persönlichkeit zu schließen: Wer sich „introvertiert" verhält, bei dem muss es sich um einen Introvertierten handeln! Das ist nicht zutreffend, denn in Wirklichkeit besitzt jeder Mensch *beide* Eigenschaften, aber eben in unterschiedlichen Ausprägungen. Bei Kindern mit Hochsensibilität führt jenes „Schwarz-Weiß-Denken" zu weiteren Missverständnissen: So werden sie, wie bereits erwähnt wurde, in den meisten Fällen als schüchtern, introvertiert oder gar passiv der Umwelt gegenüber gedeutet, und daher auch kaum in Zusammenhang mit „extrovertierten" Eigenschaften wie Abenteuerlust oder „Nervenkitzel" gebracht (denken Sie an Agus' nächtliche Motorradrennen!).

In der Verhaltenspsychologie werden *Introversion* und *Extroversion* durch das sogenannte *Verhaltenshemmsystem* (Aron nennt es auch das Achtsamkeits-System) sowie das *Verhaltensaktivierungssystem* beschrieben. Und wir besitzen beide in uns. Umgangssprachlich führt ein ausgeprägtes Verhaltensaktivierungssystem zu „extrovertierten", nach außen gerichteten Handlungen, während ein ausgeprägtes Verhaltenshemmungssystem sich auf das Innenleben konzentriert - also die eigenen Gedanken und Gefühle im Fokus hat, und dies weniger stark in die Außenwelt trägt. Je nach Person kann sowohl das Verhaltenshemmsystem, aber auch das Verhaltensaktivierungssystem besonders ausgeprägt sein, sodass es folglich auch Kinder gibt, die *sowohl* hochsensibel *als auch* extrovertiert sind.

Die Kombination extrovertiert/hochsensibel stellt eine besonders missverstandene (und fehldiagnostizierte!) Gruppe an Kindern und Jugendlichen dar, die häufig Probleme damit haben, selbst zu verstehen, warum sie so viele konträre Gefühle in sich tragen. Sie sind also mit vielen Widersprüchen konfrontiert - so sehnen sie sich einerseits nach Abenteuern und sozialen Kontakten, und schmieden fleißig Pläne - sie wollen sprichwörtlich die Welt sehen! Fühlen sich andererseits aber genauso schnell wieder überreizt und entsprechend überwältigt von den Eindrücken. Der Drang, am sozialen Leben teilzuhaben kollidiert also häufig mit der Reizüberflutung, die sich trotz allem nach kürzester Zeit bemerkbar macht und dazu führt, dass sich auch das extrovertierteste Kind wieder „zurückziehen" muss. Und so fühlen sie sich daher häufig in einem Teufelskreis aus einerseits Unter- andererseits Überstimulation gefangen, und sind entsprechend verwirrt über sich selbst.

Es wird davon ausgegangen, dass es sich bei ganzen 30% aller Personen mit Hochsensibilität um Extrovertierte handelt![30] Auf ein Klassenzimmer mit 30 Schülern übertragen (entsprechend der „15-20%-Regel") bedeutet das, dass etwa zwei Kinder, die Kombination hochsensibel/extrovertiert aufweisen, und noch einmal mehr missverstanden werden (und häufig gar nicht erst als hochsensibel erkannt werden!). Jenes „Missverstanden-werden" beginnt also häufig bereits im Kindergarten

---

[30] Aron,E.: The Highly Sensitive Person https://hsperson.com/introversion-extroversion-and-the-highly-sensitive-person/

und Klassenzimmer. Wer glaubt, Eltern eines extrovertiert-hochsensiblen Kindes zu sein, der kann auf folgende Eigenschaften achten, die mögliche Hinweise darüber liefern, dass es sich in der Tat um jene spezielle „Unterkategorie“ handelt:

- er/sie fühlt sich schnell überreizt von sozialem Input, andererseits aber auch schnell einsam.
- er/sie fragt sich selbst, ob er/sie introvertiert oder extrovertiert ist, mit anderen Worten: er/sie weiß selbst nicht so recht, was eigentlich los ist.
- er/sie hält sich grundsätzlich gerne in Gruppen auf, ist aber auch schnell überreizt und zieht sich wieder zurück.
- er/sie hat einen kleinen, jedoch sehr festen Freundeskreis: bei Hochsensibilität gilt allgemein das Motto „Klasse statt Masse!“
- entgegen der häufigen Tendenz, sich mit Veränderungen eher schwer zu tun, sehnt er/sie sich nach bestimmten Situationen, die mit Veränderungen verbunden sind: dies kann Fernweh sein, der Wunsch nach einem Abenteuer, oder für Teenager etwa der Besuch eines Musikfestivals (trotz Menschenmassen). Der Begriff „FOMO“ (Fear of missing out) findet daher auch oft Erwähnung bei hochsensiblen/extrovertierten Jugendlichen. Trotz allem reagieren sie empfindlich auf Veränderungen, die ihnen schnell das Gefühl geben, sie werden „in die Enge getrieben“.
- Routinierte Handlungen langweilen sie schneller und führen häufig zu Desinteresse, dennoch bedürfen sie Strukturen.

Etappen der Kindheit

HOCHSENSIBLE BABYS UND KLEINKINDER

Vorab: hochsensible Kinder fallen nicht zwangsweise in die Kategorie der berühmt-berüchtigten „Schreikinder". Das besonders häufige Weinen und Schreien *kann* zwar ein Hinweis auf eine mögliche Überreizung sein, kann jedoch auch ebenso zahlreiche andere Gründe haben! Wie alle, so müssen auch hochsensible Neugeborene zunächst einmal in der Welt, jener neuen Umgebung samt den vielen Eindrücken und Stimuli „ankommen". Da sie alles intensiver empfinden, zeigt sich dies übrigens auch früh darin, dass sie besonders herzhaft lachen! Doch da Hochsensibilität angeboren ist, spielt das Thema Reizüberflutung schon am ersten Tag eine Rolle. Mögliche Hinweise, dass es sich um ein hochsensibles Baby handelt:

- es beobachtet besonders genau, was um es herum geschieht - dies kann bereits im Kreissaal der Fall sein!
- eine besonders schnelle Entwicklung von Sprache und Motorik
- reagiert besonders empfindlich auf die Nervosität der Mutter
- entwickelt bereits früh verschiedene Allergien
- es hat eine sehr sensible Haut, was sich in häufigen Hautausschlägen zeigt, die von Windeln, Cremes oder verschiedenen Textilien ausgelöst werden können. (Verwenden Sie daher nur Kleidung aus 100% Baumwolle, sowie Pflegemittel mit natürlichen Inhaltsstoffen, sowie ohne Zusatz von ätherischen Ölen!)
- besonders in Anwesenheit mehrerer Leute im Raum reagiert es mit Weinen und Unruhe, erschrickt sich schneller vor Lärm (sowie vor lauten Stimmen!)
- schläft deutlich weniger als andere Babys
- "Klammerbaby" - hat besondere Probleme damit, von der Mutter getrennt zu werden

Eine Rolle spielt jedoch auch, wie und wann das Baby gefüttert wird: Wenn möglich, so sollten Sie Ihr Kind stillen, da sich dies überaus förderlich auf die Mutter-Kind-Beziehung auswirkt, Mütter eine engere Bindung zum Kind entwickeln und besser erkennen, was das Kind braucht. Zumal steht Stillen im Verdacht, das Risiko für Allergien und Asthma zu senken[31], und auch davon profitieren hochsensible Kinder! Und mehr noch: Studien konnten zeigen, dass Babys seltener weinen, wenn sie in kürzeren Abständen gefüttert werden, und die Mutter dabei nach keinem Zeitplan vorgeht - ein Charakteristikum, dass „westliche" Mütter von traditionelleren Kulturkreisen unterscheidet (die „intuitiv" stillen und nicht nach Zeitplan).[32] Die Stillzeiten sind dann entsprechend kürzer und häufiger - sie dauern im Durchschnitt nur fünf Minuten, verglichen mit Stillzeiten, die sechs bis acht Mal am Tag stattfinden und entsprechend länger dauern.

KINDERGARTEN UND VORSCHULE

Die sozialen Herausforderungen beginnen meistens schon bei der Frage, ob das Kind in den Kindergarten soll, und wenn ja, welche Umgebung die passendste ist. Vorab: auch hochsensible Kinder sollten natürlich am sozialen Leben teilhaben, und dies möglichst früh! Kindergarten und Vorschule bilden wichtige soziale Stationen, in denen das Kind bereits auf das spätere Leben in Schule, und schlussendlich das Erwachsensein vorbereitet wird. Eltern stehen also vor der Aufgabe, dem Kind einerseits Normalität zu ermöglichen, andererseits wissen sie, dass es deutlich schneller überreizt sein wird, und besonderer Aufmerksamkeit bedarf. Auch die Übergangsphase ist oft komplizierter, da die Kinder in der

---

[31] Kotlen, M.: Is there a link between Allergies and Breastfeeding?, 2019,https://www.verywellfamily.com/allergies-and-breastfeeding-431651

[32] Vgl.: Sears: 12 Sighs Your Baby is in High Need, 2018, https://www.askdrsears.com/topics/health-concerns/fussy-baby/high-need-baby/12-features-high-need-baby

Regel größere Probleme damit haben, sich von den Eltern „abzunabeln", und dabei auch Verlustängste, sowie das generelle Problem, sich mit Veränderungen im Alltagsablauf eher schwer zu tun, mit einspielen. Es muss daher auch darauf geachtet werden, *wie* man das Kind am besten an die neue Umgebung gewöhnt, und dies geschieht am besten langsam, indem man etwa die Zeit in der neuen Umgebung langsam erhöht. In der Regel zeigen sich Verlustängste in vier Phasen:

1. „Protestphase": Schreien, Weinen, „Ich will nicht!"
2. „Verzweiflung": nach der Trennung der Mutter in der neuen Umgebung, Unsicherheit und Nervosität.
3. „Anpassungsphase": Das Kind beruhigt sich langsam, und arrangiert sich mit der neuen Situation.
4. "emotionale Distanzierung (von der Trennungsangst)": erste kleine Erfolge in Form von Spielen, ggf. werden erste Kontakte geknüpft.[33]

Möglicherweise kommt es zu Missverständnissen, etwa wenn von den anderen Kindern nicht verstanden wird, warum die kleine Julia nicht draußen in der Sonne spielen will, wo doch so schönes Wetter ist, und alle anderen gemeinsam am Toben sind. Bereits früh gilt daher immer auch: Kommunizieren Sie die Hochsensibilität des Kindes mit Erziehern und den Eltern seiner Spielkameraden! Wie Sie wissen, so ist das Thema im Alltag trotz steigendem Interesse nach wie vor unterrepräsentiert, und eine offizielle „Diagnose" existiert nicht, obgleich bereits zahlreiche wissenschaftliche Studien die Existenz von Hochsensibilität bestätigen. Viele Missverständnisse lassen sich einfach aus der Welt schaffen, wenn offen mit dem Thema umgegangen wird.

Natürlich haben Eltern, die versuchen, ihr Kind vor Misserfolgen zu bewahren, gute Intentionen. Doch das Kind von der Welt samt den

[33] Vgl. Eden, K.: 4 Steps to Help Your Highly Sensitive Child With Separation Anxiety, 2018, https://highlysensitiverefuge.com/highly-sensitive-child-separation-anxiety/

negativen Dingen „abzuschirmen“ kann sich negativ auf die psychosoziale Entwicklung auswirken, und sollte daher, trotz aller Bedenken, vermieden werden: Eine Studie aus dem Jahr 2012 ging etwa der Frage nach, wie sich jene „Überbehütung“ (mittlerweile hat sich dafür auch der Begriff „Propellereltern“ etabliert) mit sozialen Langzeitfolgen in der Entwicklung der Kinder auswirkt. Sie kam dabei zu dem Ergebnis, dass sich dadurch das Verhalten (in diesem Fall etwa die „soziale Nervosität“) eher verfestigt, und soziale Ängste sogar eher bekräftigt werden[34].

Ferner haben Verlustängste, davon abgesehen, dass es sich dabei um eine natürliche Reaktion handelt, auch eine überaus wichtige und konstruktive Bedeutung: Denn befindet sich das Kind in der richtigen Umgebung, werden bereits nach kurzer Zeit die ersten kleinen Erfolge sichtbar, und die vierte Phase, das Distanzieren vom Trennungsgefühl beginnt: dies kann beim Spielen sein, oder nach einem verlängerten Aufenthalt während der Eingewöhnungsphase. Wie Kelly Eden schreibt, Pädagogin und ebenfalls Mutter eines hochsensiblen Kindes, so hat dies einen überaus wichtigen Lerneffekt: das Kind wächst an der Gewissheit, dass es die starken Ängste und den Stress überwinden kann. Es erkennt also die Existenz „eines Leben nach der Verzweiflung“, und dies ist besonders wichtig bei hochsensiblen Kindern, deren Selbstwertgefühl einmal mehr daran wächst[35]. Das Gefühl von „Ich kann das schaffen“ also, und somit eine wichtige Station in seinem Leben!

Es ist wichtig, bereits im Kindergartenalter einen Mittelweg zu finden zwischen „Rücksichtnahme“ auf der einen und „Normalität“ auf der anderen Seite. Die Wahl des passenden Kindergartens und später der passenden Vorschule spielt daher ebenfalls eine wichtige Rolle. Glücklicherweise gibt es mittlerweile eine große Auswahl an verschiedenen pädagogischen Modellen, darunter auch die alternativen *Kinderläden*, mit

---

[34] Kiel, E., u.A.: Maternal BIS Sensitivity, Overprotective Parenting and Children`s Internalizing Behaviour, 2012, https://www.ncbi.nlm.nih.gov/pmc/articles/PMC3418674/

[35] Vgl.: Eden, K.

oftmals deutlich kleineren Kindergruppen. Auch existieren Inklusionskindergärten, bei denen Kinder mit und ohne medizinischen Hintergrund gemeinsam eine Gruppe bilden. Wie Sie wissen, handelt es sich bei Hochsensibilität um keine Krankheit oder Behinderung, allerdings weisen die Pädagogen dort eine spezielle Ausbildung auf, und nehmen besondere Rücksicht auf individuelle Besonderheiten der Kinder. Vor allem gilt: kleine Gruppen bevorzugen und das frühe Kommunizieren der Hochsensibilität bei Erziehern und Eltern!

SCHULE

„Lehrer und Erzieher sind ausschlaggebend für die Entwicklung von hochsensiblen Kindern“[36]

Schule stellt für das Kind mit HSP eine besondere Herausforderung dar, und diese beginnt bereits beim grellen Licht des Klassenzimmers, oder dem Lärm und Gedränge auf dem Schulhof! Doch vor allem das soziale „Drumherum“. - Das Verhältnis zu Lehrern und Mitschülern, die oftmals starken Gruppendynamiken sowie der Leistungsdruck führen dazu, dass Schule von Kinder mit HSP oftmals als stark belastend empfunden wird. Durch die ständige Überreizung steigt sowohl der Adrenalin - also auch Cortisolpegel, was dazu führt, dass auch die Konzentrationsfähigkeit stark abnimmt. Oftmals wird dies - leider auch von den Lehrern - missverstanden, als Desinteresse seitens des Schülers oder gar als Dummheit fehlinterpretiert[37]. Oft suchen hochsensible Kinder auch eine besondere Nähe zur Lehrkraft. Dies kann von Klassenkameraden als das umgangssprachliche „Einschleimen“ fehlinterpretiert werden, hat häufig aber den Grund, dass sich das Kind so mehr Nähe und Sicherheit erhofft!

Schnell kann sich daher für das hochsensible Kind ein regelrechter

---

[36] Aron, 2008, S.119

[37] Jacobs, T.: Breastfeeding produces more sensitive mothers, 2015, https://psmag.com/news/breastfeeding-produces-more-sensitive-mothers

Teufelskreis aus Selbstzweifeln, Missverständnissen, Nervosität, sowie einer regelrechten Panik vor dem täglichen Schulgang entwickeln.

Da etwa 80% der Klassenkameraden nicht unter die Kategorie HSP fallen, wird das Phänomen bis heute kaum in die Schulpläne mit aufgenommen und weitgehend ignoriert. Ausnahmen bilden private Einrichtungen, die jedoch oftmals hohe Schulgebühren verlangen, keine freien Plätze zur Verfügung haben, oder sich schlicht zu weit vom Wohnort entfernt befindet.

Lehrkräfte, die sich über die verschiedenen Bedürfnisse ihrer individuellen Schüler bewusst sind und versuchen, den Unterricht *binnendifferenzierter* zu gestalten, stehen daher vor einer besonderen Herausforderung: zum einen soll man den Bedürfnissen von hochsensiblen Kindern gerecht werden, zum anderen soll vermieden werden, dass diese sich aufgrund der speziellen Behandlung dafür - ein weiteres Mal - fremd und „anders" fühlen.

Eine Studie aus dem Jahr 2013 untersuchte dazu die Vorlieben hochsensibler Kinder im Hinblick auf Lernumgebung und Unterricht, und kam dabei zu folgendem Schluss: Vor allem eine ruhige Lernatmosphäre wirkt sich positiv auf das hochsensible Kind aus: dies beinhaltet sowohl das Lernen als auch die direkte persönliche Vermittlung des Stoffes, statt Frontalunterricht, bei dem man als Individuum häufig „außen vor" bleibt. Sie bevorzugen ferner routinierten, strukturierten Unterricht, bei dem viele Rituale eingebaut werden können. Diese vermitteln Kontinuität und Sicherheit, die Schüler wissen, „was sie erwartet". Gruppenarbeit bereitet dagegen häufig Probleme, falls es sich bei den Partnern nicht um die eigenen Freunde handelt. Meist haben hochsensible Kinder eine kleine, dafür aber umso festeren Freundeskreis. Fehlen soziale Bezugspersonen dagegen, so wird der Schulgang häufig zur Qual, denn wie Sie bereits wissen, so spielt die soziale Umwelt eine entscheidende Rolle für hochsensible Kinder. Und wie ebenfalls im dritten Kapitel erwähnt wurde, so werden geben die scheinbar schwächeren Schüler Angriffsfläche für Ausgrenzungen bis hin zu Mobbing.

Was sie dagegen nicht mögen, sind große Versammlungen auf dem Pausenhof (die „große Pause" etwa). Als mögliche Alternative kann man als Lehrkraft dem Kind entgegenkommen, indem man es etwa nicht zur Teilnahme zwingt, sondern als Alternative zur „großen Pause" Sonderaufgaben lösen lässt: etwa das Klassenzimmer aufräumen oder eine extra Aufgabe lösen. Rückzugsorte für hochsensible Kinder sollten unbedingt auch im schulischen Umfeld existieren! Diese lassen sich gekonnt in den Schulalltag einbauen, ohne dass man dem Kind eine offensichtliche Sonderbehandlung zukommen lässt

PUBERTÄT IN HIGH DEFINITION: HOCHSENSIBLE TEENAGER

Wie Aron schreibt, stellt diese für hochsensible Teenager eine besondere Herausforderungen dar[38]. Das Bedürfnis nach qualitativen Freundschaften kollidiert mit dem Gefühl des sozialen Drucks, der während der Pubertät und Teenagerzeit noch einmal stärker wird. Das Gefühl „man sei anders" wächst zunehmend, und gleichzeitig auch das Bedürfnis nach einer Identität außerhalb des familiären Umfeldes. Hinzu kommt, dass auch die körperlichen Veränderungen - Hormonschwankungen - von hochsensiblen Jugendlichen intensiver wahrgenommen werden. Der häufige soziale Stress verstärkt zudem die physischen Effekte wie Kopf- und Magenschmerzen, die im Jugendalter daher ebenfalls zunehmen können. Es kommt vor, dass auch bei sonst starken Schülern die Leistungen nachlassen, da das soziale Umfeld an Bedeutung gewinnt. Die für Kinder vorgeschlagenen *Play Dates* sind für Teenager natürlich keine Option mehr! Je älter Kinder werden, desto wichtiger wird jedoch auch das Thema der Zugehörigkeit zu einer bestimmten Gruppe. Daniel Siegel, Professor für Psychologie der UCLA Universität, führt jenen starken Drang nach Sozialgruppen außerhalb der Familie auf unsere

---

[38] Aron, E.: For Highly Sensitive Teenagers, Part 1: Feeling Different, 2008, https://hsperson.com/for-highly-sensitive-teenagers-feeling-different/

sein zu müssen. Wer aus der Rolle fällt wird häufig als „Weichei“ oder „Schwächling“ bezeichnet, und in vielen Fällen endet das in Mobbing und Ausgrenzung. Sehr interessant ist es übrigens, wenn man einen genaueren Blick darauf wirft, wie hochsensible Personen in Kulturkreisen „sozial abschneiden“, in denen Werte wie Zurückhaltung oder Feinfühligkeit kulturell hoch geschätzt werden: So werden in China oder Thailand hochsensible Kinder häufiger Klassensprecher und deutlich seltener Opfer von Mobbing und Ausgrenzung, verglichen zu Kulturkreisen mit „extrovertierten“ Werten - die auch in westlichen Kulturkreisen dominieren. Eine Studie der Universität Ontario verglich dazu 480 hochsensible Kinder aus Kanada mit 289 hochsensiblen Kindern aus China.

Es stellte sich heraus, dass in China die Schüler mit den Attributen „schüchtern“ und „sensibel“ zu den beliebtesten Spielkameraden der Kinder zählten, während die selben Eigenschaften in Kanada dazu führten, dass die als „schüchtern“ und „sensibel“ bezeichneten Kinder zu der Gruppe zählten, mit denen am wenigsten gespielt wurde, mit anderen Worten: sie stellten in Kanada als Vertreter des westlichen Kulturkreises die Außenseiter dar.[43] Jene unterschiedliche Wertschätzung der Attribute spiegelt sich bereits in der Sprache wider: im chinesischen Mandarin wird „schüchtern“ sinngemäß mit „Höflichkeit“ übersetzt, und Sensibilität mit „Verständnis haben“! Positive Assoziationen zu den jeweiligen Charaktereigenschaften sind also bereits kulturell begründet, was sich wiederum deutlich positiver auf den Umgang mit hochsensiblen Menschen sowie auf ihre „gesellschaftliche Wertschätzung“ auswirkt.

Denken Sie doch einmal zurück an Ihre eigene Schulzeit und daran, wie die sozialen Rollen im Klassenzimmer verteilt waren. Vielleicht erinnern Sie sich daran, welcher Personentyp der „Klassenanführer“ war, der Klassensprecher, der Klassenclown und so weiter. Klassensprecher

---

43 Parkinson, M.: Cultural Bias, ohne Datum, http://www.marykayparkinson.com/cultural-bias

war wohl in den wenigsten Fällen der Personentyp „stiller Beobachter aus der hinteren Reihenbank!“, sondern eher der selbstbewusste Junge oder das selbstbewusste Mädchen aus der vordersten Reihe.

Was genau sagt uns das über den Umgang mit hochsensiblen Kindern, speziell mit introvertiert-hochsensiblen? Im Grunde zeigt dies vor allem eines: dass sowohl der „externe“ Erfolg, schulische (und später berufliche) Leistungen, aber auch die soziale Akzeptanz, und damit zusammenhängend auch das Selbstwertgefühl und Wohlbefinden stark davon abhängt *wo* und *wie* das Kind aufwächst. Dafür müssen Sie nicht nach China oder Thailand auswandern, allerdings sollten Sie sich jene kulturellen und „rollen-typischen“ Einflüsse bewusst machen und diese, sofern das Kind etwas älter ist, auch mit ihm kommunizieren. Es sollte darauf geachtet werden, dass das hochsensible Kind in einem Umfeld aufwächst, welches nicht gegen, sondern mit ihm arbeitet, mit anderen Worten: die positiven Eigenschaften fördert statt zu erwarten, einem bestimmten (Rollen-) Bild gerecht zu werden. Somit müssen sich auch die Eltern des hochsensiblen Kindes von oftmals langjährigen Vorstellungen darüber, wie „ihr Junge“ oder „ihr Mädchen“ sein soll, verabschieden (grundsätzlich gilt das natürlich für alle Kinder!).

Das beste Umfeld ist das, in welchem es in Ordnung ist, seine Gefühle zu zeigen, und dies gilt sowohl für die positiven, aber auch für die negativen. Eltern sollten daher keine Rollenerwartung auf ihr Kind übertragen. Wenn Ihr Sohn hochsensibel ist, so ist dies nicht als „Schwäche“ zu deuten; Wenn er sich beim Fußballspielen unwohl wohlfühlt, so blüht er möglicherweise beim Lernen eines Instrumentes auf, findet dort einen „Ort der Ruhe und des Friedens“ und Gleichgesinnte, die sich zu guten Freunden entwickeln können, statt sich zu „Jungs-typischen“ Dingen überwinden zu müssen, wobei hier auch mangels gemeinsamer Interessen die Wahrscheinlichkeit, Freunde zu finden, ebenfalls geringer ist. Findet er oder sie jedoch ein (möglicherweise „Rollen-untypisches“) Hobby, so führt dies wiederum zu mehr Selbstbewusstsein, was wiederum weitere positive Wechselwirkungen mit der Umwelt auslöst!

Hochsensibilität und Hochbegabung

Hochsensibilität wird schnell mit dem Prädikat „hochbegabt" in Verbindung gebracht. Als hochbegabt gilt, wer einen IQ von mindesten 130 hat (zum Vergleich: der durchschnittliche IQ in Deutschland liegt bei 100). Hierzulande gelten rund 2% der Bevölkerung als hochbegabt[44], obgleich viele Psychologen und Hirnforscher nach wie vor darüber diskutieren, was es eigentlich bedeutet, hochbegabt zu sein, und was Intelligenz ausmacht - denn auch dazu existieren verschiedene Definitionen[45]. Dass Hochsensibilität mit Hochbegabung in Verbindung gebracht wird, kommt nicht von ungefähr, sondern hat einen guten Grund: So gelten viele hochbegabte Kinder gleichzeitig als hochsensibel. Dies bedeutet also, dass sich beide Eigenschaften überschneiden *können*, es jedoch nicht *müssen.* Bereits die prozentuale Verteilung von Hochsensibilität in der Bevölkerung macht dies deutlich, denn, wie Sie bereits wissen, so gelten rund 15-20% aller Menschen als hochsensibel - verglichen mit dem lediglich geringen Anteil an Hochbegabten.

Anders als Hochbegabte, benötigen hochsensible Kinder in der Regel länger für die Verarbeitung des Inputs, da sie häufig pausieren müssen, um die vielen Eindrücke „mental sortieren" zu können. Beiden gemeinsam ist dabei jedoch die Tiefe und Genauigkeit, mit dem das Input analysiert und verarbeitet wird. Leider sind die Forschungen darüber, wie genau Informationen von Hochbegabten neurologisch verarbeitet werden, nach wie vor in ihren Anfängen, allerdings konnte bereits nachgewiesen werden, dass auch bei ihnen eine höhere Empfindlichkeit

---

[44] https://de.wikipedia.org/wiki/Hochbegabung

[45] Vgl.: Martschenko, D.: The IQ Test Wars. Why Screening For Intelligence Is Still So Controversial, 2017, https://theconversation.com/the-iq-test-wars-why-screening-for-intelligence-is-still-so-controversial-81428

gegenüber Sinnesreizen existiert, die verglichen mit Hochsensiblen, aber weniger stark ausgeprägt sind und sich vor allem auf kognitive Aspekte beschränkt. Daraus folgt: Hochbegabte neigen grundsätzlich auch eher dazu, hochsensibel zu sein, Hochsensible sind jedoch nicht automatisch hochbegabt.

Auch wenn durch das Attribut „Hochbegabung" einiges an Verhalten erklärt werden kann, bringt das für das Verstehen von Hochsensibilität auch einen potentiellen Nachteil mit sich: denn hat das Kind erst einmal die „Diagnose Hochbegabung" erhalten, so wird dadurch nicht nur vieles verständlicher, es werden auch viele Eigenschaften, die in der Hochsensibilität begründet liegen, mit Verweis auf die Hochbegabung erklärt und „entschuldigt". „Dies liegt an seiner speziellen Begabung!", „zu intelligent für...". Damit läuft man jedoch Gefahr, das Kind von Erfahrungen „abzuschirmen". Doch sich Herausforderungen zu stellen spielt, wie Sie wissen, eine entscheidende Rolle in der Persönlichkeitsentwicklung, gerade wenn man lernen muss, zusätzlich mit der eigenen Hochsensibilität umzugehen. Hier als Eltern und Pädagogen die richtige Balance zu finden, ist also von entscheidender Bedeutung. Fördern Sie die intellektuellen Fähigkeiten des Kindes einerseits, unterstützen (und „fordern") Sie es dabei aber auch, sich den täglichen Herausforderungen zu stellen. So vermeiden Sie das sprichwörtliche „Leben im Elfenbeinturm", das sich bei vielen Hochbegabten Kindern im Kindesalter entwickelt - und nachweislich[46] auch zwischenmenschliche Beziehungen im Erwachsenenalter erschwert.

Zwar herrscht in Deutschland, zumindest de facto, das Prinzip der Chancengleichheit, allerdings zeigen zahlreiche Statistiken und Studien, dass der individuelle wirtschaftliche Hintergrund nach wie vor der Hauptfaktor dafür ist, welchen Bildungsgrad die Kinder erwerben, und folglich auch, welche Berufe sie zukünftig ausüben, und in wie weit ihre

[46] Vgl.: Trautner, T.: Overprotective parenting style, 2017, https://www.canr.msu.edu/news/overprotective_parenting_style

individuelle Begabung gefördert wird[47]. Das Thema Hochsensibilität, vor allem in Zusammenhang mit Hochbegabung, ist dabei keine Ausnahme. Der gravierende Einfluss des sozio-ökonomischen Hintergrundes auf Bildung, sowie die individuelle Förderung unserer Talente und Fähigkeiten widerspricht der Annahme, dass Intelligenz angeboren sei: So weiß man mittlerweile, dass der „Bildungshintergrund" und somit soziale und wirtschaftliche Faktoren einen stärkeren Einfluss auf IQ ausüben, als es die Gene tun[48].

Vor allem in sozial schwachen Gesellschaftsschichten wird daher sowohl Hochbegabung als auch Hochsensibilität, und noch einmal mehr die *Kombination* aus beiden Eigenschaften übersehen. Und so „verkümmern" nicht nur die vielen positiven und konstruktiven Fähigkeiten hinter der Hochsensibilität, auch der Intellekt bleibt unterfordert. Es sind daher vor allem hochsensible Kinder aus sozial schwachen Gesellschaftsschichten, die „auf der Strecke" bleiben - sei dies mangels Aufklärung im familiären Umfeld, oder mangels Engagement von Seiten ihres pädagogischen Umfelds. Letzteres geht wiederum oft auf fehlende Kapazitäten im Bildungssektor zurück - ein überaus tragischer Teufelskreis also.

Anmerkung: Wer sich weiter zum Thema „Hochbegabung und Hochsensibilität" informieren möchte, wird für den deutschsprachigen Raum unter anderem auf der Homepage der Psychologin Birgitt Trappmann fündig: https://www.trappmann-korr.de/bibliothek/hochbegabt-hochsensibel/, sowie im Begabungszentrum Bayern GbR, das seinen Sitz in München hat: https://www.begabungszentrum-bayern.de/. Ferner finden Sie auf der Homepage des Bundesministeriums für Bildung und Forschung Informationen für Förderungsprogramme und Stiftungen für

[47] https://www.bpb.de/gesellschaft/bildung/zukunft-bildung/174634/chancengleichheit

[48] Roland Merten: Psychosoziale Folgen von Armut im Kindes- und Jugendalter. In: Christoph Butterwegge, Michael Klundt (Hrsg.): Kinderarmut und Generationengerechtigkeit. Leske und Budrich, Opladen 2002, S. 149.

hochbegabte Kinder und Jugendliche aus einkommensschwachen Familien: https://www.stipendienlotse.de/datenbank.php?DS=3105. Die Kinderwerkstatt Dortmund bietet zudem Workshops und Informationsveranstaltungen zum Thema Hochsensibilität und Hochbegabung an: https://www.nordstadtblogger.de/kinderwerkstatt-im-cjd-dortmund-beratung-betreuung-foerderung-und-unterstuetzung-fuer-kinder-und-jugendliche/

sogar Stress- und Panikattacken verhindern![59] Außerdem werden durch die Dehnung des Zwerchfelles auch die Organe massiert, was die Durchblutung fördert und wiederum der Verdauung zu Gute kommt. Üben Sie gemeinsam mit Ihrem Kind, indem Sie zunächst die Augen schließen und tief Luft holen. Dabei soll sich zunächst auf die Bauchregion konzentriert werden: der Bauch soll sich wölben, anschließend wird durch die Lungen geatmet. Halten Sie Ihren Atem etwa fünf Sekunden an. Anschließend wird für fünf Sekunden ausgeatmet, und für weitere fünf Sekunden „luftleer" verharrt, bevor die Übung beliebig oft wiederholt wird. Sie lässt sich auch gut im Sitzen ausüben, etwa im Klassenzimmer oder während der Zugfahrt!

AUTOGENES TRAINING

Das autogene Training ist eine Entspannungsmethode, die 1932 von dem deutschen Psychiater Johannes Schultz entwickelt wurde und Parallelen zu Meditation und Yoga aufweist: in kurzen Sitzungen visualisieren die Kinder dabei bestimmte Körperregionen und stellen sich vor, dass diese sich entspannen („mein linker Arm wird immer schwerer"), allerdings konzentriert sich autogenes Training, anders als die beiden zuvor genannten Methoden, auf das autogene zentrale Nervensystem, welches für mechanische Bewegungen im Körper zuständig ist.

Bei den Übungen entsteht nicht nur ein Gefühl von Wärme und Entspannung in der jeweiligen Region, auch das Zentralnervensystem wird entspannt, die Herzfrequenz sinkt, Gefäße werden besser durchblutet und Stresshormone abgebaut. Im Grunde handelt es sich dabei um eine Form der Selbst-Hypnose! Mit ein wenig Übung lässt sich autogenes Training auch im Sitzen praktizieren und eignet sich somit ebenfalls bei akuten Stresssituationen (zum Beispiel in der Schule).

---

[59] Vgl.: O.V.: Können wir mit der richtigen Atemtechnik wirklich entspannen?, 2019, https://www.quarks.de/gesundheit/koennen-wir-uns-mit-der-richtigen-atemtechnik-wirklich-entspannen/

Passende Literatur zum Weiterlesen: Marita Henning: Autogenes Training für Kinder: Ruhe und Kraft im Alltag - Übungsprogramm in 7 Schritten (Extra: zusätzliche Fantasiegeschichten mit Anleitung)

YOGA

Schon lange sind die heilenden Effekte, die Yoga auf Körper und Geist ausübt, kein Geheimtipp mehr. In den letzten Jahren findet die aus Indien stammende Meditationstechnik, bei der verschiedene Körperpositionen und der starke Fokus „nach Innen" mit Atemtechniken verbunden werden, zunehmend auch therapeutische Anwendung bei Kindern und Jugendlichen. Klinische Studien haben gezeigt, dass das regelmäßige Praktizieren bei verschiedenen körperlichen und seelischen Beschwerden helfen kann, darunter auch das Regulieren von Emotionen und Gefühlen. Kinder und Jugendliche lernen nicht nur einen bewussteren Umgang mit ihrem Körper, sondern auch, dass sie auch auf ihre „Besonderheit", die Hochsensibilität, aktiven Einfluss nehmen können und nicht jeder Überreizung, jedem Stressmoment hilflos ausgeliefert sind!

Besonders spannend sind neue Erkenntnisse darüber, wie sich Yoga auf das Nervensystem auswirkt: in Studien konnte nachgewiesen werden, dass zum einen die sogenannte HPA-Achse (HPA steht für Hypothalamic-Pituitary-Adrenal) vom regelmäßigen Yoga-Praktizieren profitiert. Dabei handelt es sich um eine Verflechtung aus Zentralnerven- und Endokrinem System, das für die Regulation von Stress zuständig ist. Ferner wirkt es sich positiv auf das sympathetische Nervengewebe aus[60]: dieses steuert unter anderem unwillkürliche Reaktionen auf Stress und vermeintliche Gefahrensituationen, kurz: es steuert unsere „Alarmbereitschaft". Da hochsensible Kinder ein besonders empfindliches Nervensystem haben, stellt Yoga daher eine wertvolle Hilfe dar, jene „Dauerbereitschaft" etwas abzuschwächen

https://www.welt.de/gesundheit/psychologie/article147880334/Hochsensibilitaet-Fakt-oder-uebertriebener-Hype.html, letzter Aufruf am 10.08.2020

- Solo, A.: Do These Gene Make you A Highly Sensitive Person?, 2018, https://www.psychologytoday.com/us/blog/highly-sensitive-refuge/201812/do-these-genes-help-make-you-highly-sensitive-person, letzter Aufruf am 20.08.2020
- Souomi, Steven, u.A.: Risk, Resilence and Gen-Interplay in Primates, 2011, https://www.ncbi.nlm.nih.gov/pmc/articles/PMC3222572/,
- Todd, R., u.A.: Neurogenetive variations in Norephinephrine Availibility Enhance Perceptual Vividness, 2015, https://www.jneurosci.org/content/jneuro/35/16/6506.full.pdf,
- Tovar, Ch.: Freundschaft, ohne Datum,auf: planet-wissen.de,
- https://www.planet-wissen.de/gesellschaft/psychologie/freundschaft_gemeinsam_durch_dick_und_duenn/index.html, letzter Aufruf am 20.08.2020
- Trautner, T.: Overprotective parenting style, 2017, https://www.canr.msu.edu/news/overprotective_parenting_style, letzter Aufruf am 14.08.2020
- Wrail, Herbert: On the Trail of the Orchid Child. One genetic variant leads to the best and worst outcome in kids, 2011, https://www.scientificamerican.com/article/on-the-trail-of-the-orchid-child/, letzter Aufruf am 10.08.2020

Wir danken Ihnen für Ihr Interesse und Ihr Vertrauen. Als Dankeschön dafür, haben wir eine besondere Überraschung. Wir haben exklusiv für Sie **30 Atemübungen für Kinder**. Diese erhalten Sie vollkommen kostenlos. Das klingt wunderbar? Dann warten Sie nicht lange und holen Sie sich Ihr Gratis-Geschenk.

Hier geht es zu Ihrem Gratis-Geschenk:

https://forms.gle/onAgb7q9mE9NCaXX7

1. **Öffnen Sie die Kamera-App auf Ihrem Smartphone und richten Sie die Kamera auf den QR-Code.**
2. **Klicken Sie auf den Link, der Ihnen angezeigt wird und schon werden Sie zur Website weitergeleitet.**

Impressum

Herausgeber: Malik & Mähleke GmbH / Ericusspitze 4 / 20457 Hamburg
Kontakt: kontakt@empireofbooks.de
Website: https://empireofbooks.de
Coverbild: Shutterstock

Haftungsausschluss:
Die Nutzung dieses Buches und die Umsetzung der enthaltenen Informationen, Anleitungen und Strategien erfolgt auf eigenes Risiko. Der Autor kann für etwaige Schäden jeglicher Art aus keinem Rechtsgrund eine Haftung übernehmen. Haftungsansprüche gegen den Autor für Schäden materieller oder ideeller Art, die durch die Nutzung oder Nichtnutzung der Informationen bzw. durch die Nutzung fehlerhafter und/oder unvollständiger Informationen verursacht wurden, sind grundsätzlich ausgeschlossen. Rechts- und Schadenersatzansprüche sind daher ausgeschlossen. Dieses Werk wurde sorgfältig erarbeitet und niedergeschrieben. Der Autor übernimmt jedoch keinerlei Gewähr für die Aktualität, Vollständigkeit und Qualität der Informationen. Druckfehler und Falschinformationen können nicht vollständig ausgeschlossen werden. Es kann keine juristische Verantwortung sowie Haftung in irgendeiner Form für fehlerhafte Angaben vom Autor übernommen werden. Die bereitgestellten Analysen, Vorschläge, Ideen, Meinungen, Kommentare und Texte sind ausschließlich zur Information bestimmt und können ein individuelles Beratungsgespräch nicht ersetzen. Alle Informationen dieses Buches entsprechen dem Kenntnisstand zum Zeitpunkt des Verfassens dieses Buches. Eine Haftung für mittelbare und unmittelbare Folgen aus den Informationen dieses Buches ist somit ausgeschlossen.
Informieren Sie sich weitläufig aus unterschiedlichen Quellen und bedenken Sie, dass am Ende nur Sie für die Entscheidungen verantwortlich sind.

Haftung für externe Links:
Unser Angebot enthält Links zu externen Websites Dritter, auf deren Inhalte wir keinen Einfluss haben. Deshalb können wir für diese fremden Inhalte auch keine Gewähr übernehmen. Für die Inhalte der verlinkten Seiten ist stets der jeweilige Anbieter oder Betreiber der Seiten verantwortlich. Die verlinkten Seiten wurden zum Zeitpunkt der Verlinkung auf mögliche Rechtsverstöße überprüft. Rechtswidrige Inhalte waren zum Zeit-punkt der Verlinkung nicht erkennbar.